LYRIKEDITION 2000

begründet von Heinz Ludwig Arnold†

herausgegeben von Florian Voß

MARIUS HULPE, geboren 1982 in Soest, studierte Kulturwissenschaften in Hildesheim, Berlin und Zürich und arbeitet als Wissenschafts- und Werbelektor in Krakau. Lehraufträge an der Universität Hildesheim und der Jagiellonen Universität Krakau. Arbeitete zudem als Redakteur und war Herausgeber mehrerer Anthologien. Neben Gedichten und Prosa veröffentlichte er Kritiken und Essays, u. a. in Literaturen, SZ-Online und Berliner Morgenpost. 2008 erschien sein Lyrikdebüt »wiederbelebung der lämmer« im Ammann Verlag. Ausgezeichnet wurde er dafür u.a. mit dem Literaturförderpreis des Landes Nordrhein-Westfalen und dem LCB-Stipendium des Berliner Senats.

Marius Hulpe

Einmal werden wir

Gedichte

LYRIK
EDITION
2000

Weitere Informationen über den Verlag und sein Programm unter:
www.allitera.de

Weitere Informationen über die Lyrikedition 2000 unter
www.lyrikedition-2000.de

März 2013
Allitera Verlag
Ein Verlag der Buch&media GmbH, München
© 2013 Buch&media GmbH, München
Lektorat: Florian Voß
Umschlaggestaltung: Kay Fretwurst, Freienbrink
Printed in Germany · ISBN 978-3-86906-508-3

Niemand merkt was. Es macht eben kein
Geräusch, wenn Spuren entstehen auf dem Feld
der unsichtbaren Entwürfe.

Jürgen Becker

I Helle Gelände

Küche

der Tisch war gedeckt, die graublaue Fahne
des Morgens hing noch vorm Fenster, da saß
meine Großmutter – Brille, Zeitung – und schmierte
Leberwurststullen mit der Zeit um die Wette.
vollwertiges Müsli lag bequem und hübsch in seinem
Porzellanbecken, drinnen schwammen ein paar Tränen,
glänzten auf der Oberfläche der Milch,
auf weißer, vor Spannung zitternder Haut.
eine Welle aus Schokoflakes durchfuhr die Schale,
schwarze Flächen tauchten auf und versanken.
das Radio lief seit einem Jahrhundert,
rauschte Jahrzehnt für Jahrzehnt durch den Morgen,
eine Küche vollgepresst mit Weltmusik,
und draußen vermehrten sich die Busse,
vollgepresst mit Kindern tausender Eltern,
deren Kombis ein paar Kilometer südlich
in einen Baum rasten, jetzt, in einer scharfen
Biegung, und die Nachricht kam erst am Abend.

Moabiter Balkon

es sind nur Streichgeräusche, die die Luft
heut von sich gibt. auf dem ehemals
verseuchten Spielplatz fliegen ein paar Kiesel
als Salven einer Rache vor die Torschusswand.
ein Laster holpert übers Kopfsteinpflaster, kreuzt
noch voller Vorsicht die Waldenserstraße. drüben
hat der Bäcker seinen Kuchen reduziert, wie immer
gegen siebzehn Uhr. ein paar Balkone höher
feuern zwei Cousins die Wasserbombe ab.
direkt vor den Schuhen des Verwalters schlägt sie auf.
eine Frau Anfang neunzig wuchtet voller Mut
ein paar Kilo Dosen und Gemüse unters Dach.
bloß nicht den Lift, schreit der Verwalter
hysterisch hinterher, heute waren Handwerker da.
bloß nicht den Lift, das kann schlimm enden.

frische Wäsche

und als die Sanduhr nicht mehr strömt, und ihr Pendant
im Sonnenkleid die Taktung übernimmt, da wird
es still im Innenhof, verwaiste Fensterbänke,
auf denen sonst die bleichen Unterarme ruhen
über Wäscheleinen, straffer als amerikanischer
Brückenbeton, und unter ihnen ein geheimer lila Stausee,
in dem Kinder ertrinken, täglich, jetzt
wo Schweigen ist zur Mittagszeit, nur Duft –
ein bisschen jedenfalls von Reibeplätzchen.
Grünkohl auch, als eine Stimme durch den Hof
mit einem Mal geflogen kam, da schlug
es lange noch nicht eins, der Morgen
hatte viel versprochen. und an den Leinen
hängt die Sonne, hängen Kinder, Schatten
im Gesicht. ein Säuglingsatmen teilt die Luft
wie früher noch Sirenen, jemand schrie
nur heute, liebe Spatzenkönige, heute bitte nicht.

Fahndungserfolg

es war ein Donnerstag, aus der Fensterluke
des Nachbarkellers hörten wir es deutlich: sie,
seit etwa vier Wochen verschollen, war es.
eine der Schwestern des Hauses stürzte sofort
über den Zaun, rief etwas in das kalte Loch
und schellte Sturm. zu blieb die Tür.
kleine Schinkenstreifen warfen wir
durch die rostigen Gitter. tröpfelten Milch
hinterher, die Antwort klang nicht undankbar.

gegen Abend schwamm ein schwerer Wagen
die Einfahrtsbucht hinauf. die roten Bremsleuchten
kündigten gediegen Desinteresse an. sofort,
als meine kleine Schwester zur Frage ansetzte,
begann sich der Kopf des Gefragten zu schütteln.
es sei jedem selbst überlassen, wie mit Dingen,
die auf dem eigenen Grundstück landeten,
umzugehen sei. die Kleine dachte keine zwei
Sekunden: die Katze ist lebendig, sagte sie.

listening Vollmond

nur wenige Tropfen auf der Fensterscheibe.
am Wochenende, sagt der Mann im Radio,
klärt es sich auf. deine Ellenbogen
liegen ruhig auf dem Fensterbrett,
wie Briefbeschwerer. oder Pädagogenhände.
du hast es so gelernt, du hörst
am Waldrand ein paar Wildschweine
um die Macht im Genpool kämpfen.
zu früh kam der Herbst diesmal.
nichts war auf ihn gefasst, und nun
schlagen Kastanien und Walnüsse laut
wie Fallschirmspringer durchs Holz.
auf sie folgen stürzende Maschinen.
und du, am Fenster kauernd, hörst
durch die Nacht hindurch, entfernt, den Aufprall.

als Herr Bauer schon gestorben war

zögerlich nur öffnet sich am frühen Abend, leichtes Blau
noch in den Wolken, dort im öden zweiten Stock
das Stillleben Fenster, leichtes Neigen, Rumpeln
hinter den Gardinen, schließlich das Schmatzgeräusch,
Vorwarnungen aus Plastik, schon im selben Augenblick
kracht das Kind in den Zaun, der quietschneue Ball
ins Grün dieses Tümpels. Herr Bauer wohnte dort, ruft
schon ohne die Lippen zu regen, das Fenstermütterchen
und schreit es danach dem Bengel um die Ohren,
bis dessen Tränendämme brechen, denn Herr Bauer ist tot
und der Bengel weiß, was ihm blüht, auch die Gartenhasen
springen schon unter die Büsche – der Ball, er ist weg,
die letzten Rosen von Herrn Bauer zerstört, Herr Bauer,
der kommt nicht zurück. das Beet ist zerfetzt, der Ball im Sumpf
und oben schließt sich, dem Kind im Rücken, das Fenster.

an einem sonnigen Tag

als Kinder bildeten wir nicht selten Lager
um den Teich in Omas Garten, das Gewässer
diente höchstwahrscheinlich eher unfreiwillig
als Hoheitsgebiet frühester Allmachtsgedanken.
waren Mädchen anwesend, gerieten die Blicke
zwischen der vom Strampeln aufgerauten See
zu angriffslustigen Flotten, Havarien
des Selbstbewusstseins nicht ausgeschlossen.
eines Tages fiel ich vorne über in den Tümpel,
grün war die Welt um mich herum,
der Abschied ein kurzes, befreiendes Zucken,
zurückspulen, abschließen war noch nicht nötig.
alles war leicht, arrangiert, da zogen mich
mit einiger Verzögerung, aber entschlossen
zwei lange Armkurbeln hinaus,
wie einen guten abendlichen Fang.
der Moment, wie ein Wal zu baumeln, schulte
das kriegerische Geschick, von nun an
galt immer und jederzeit: *tout possible*.

keine Dauer hier

zwecklos, das mit sich zu schleppen. von der Hand,
die lange großzügig war, nichts zu sehen.
sogar die Wünsche haben Staub angesetzt. dagegen
hilft nur der kräftigste denkbare Schluck.
wer hätte wissen sollen, was daraus wird. diese Münze,
sagte einer von uns beiden, wird mal etwas wert sein.
heute hilft noch nicht einmal wöchentliches
Polieren gegen den Rost. also weg damit, denkst du, aber
nur kurz. dann ist der Spielplatz wieder da, die
zerbrochene Weinpulle, die vom Herbst nasse Bank.

Legende

nächtliche Mondfahrten waren es meistens,
und morgens zurück ins Antiparadies,
dahin, wo das Herzklopfen beginnt, in die täglichen Seen
aus Gummi, Schnaps und Visualisierung. wo kein anderer
die Stimme erheben darf, als Waffe, präzises
Nah- und Fernkampfgerät.

die imaginierten Plätze, auf denen
wir unsere Ängste verbrannten,
standen schnell selbst in Flammen, lichterlohes
Abendgeräusch, massenhaft unverlangte Endspiele.

welche es gab, damit noch ein von vorn
denkbar war, in diesen gegrillten Gedanken.
es war ein sauberes, mustergültiges Spiel,
einstudierter als Rollen in Hollywood oder
draußen im Hafen am reglosen Quai.

verführte Engel

so kämpften die Atemwege: fabrizierten wir hier,
was man sonst Verbrechen nannte? warum
sandten wir keine Fanpost an Angela Davis?
warum waren wir nicht begeisterter
als nur begeistert? hatten echte Gründe
ihr kaltes Händchen im Spiel? wer
wechselte nie die Umlaufbahn? wir.

ihr saht das alles. und lehntet euch zurück
auf euren Liegen vor Pacific Palisades – oder
anderen kalifornischen Enden der Welt.
jeder Cocktail roch nach Mango und Verwesung.
jedes Gläschen schüttetet ihr putzvergnügt
in euer sakrales Innenleben. die Muschel,
aus der ihr eine kleine Maus zu hören meintet,

die war ich. sie lag nicht weit. ganz nah
am Wasser schon, welches sekündlich mit dem Land
in Verhandlung stand – um vorläufige Grenzen.

Licht im Timing

beruhigt hängen die Äpfel und Pfirsiche
vorm Gesicht der Sonne, baumeln
an diesem giftigen Tag, durchaus entspannt,
über verschmorter Erde, als Vakuumboten
eines nicht zu sagenden.

entfernt eine Kirche, Glocken
im glücklichen Timing mit dem UV, eine zarte Form
von Kohärenz – und schließlich das Warnblinklicht
der in ihrer Routine faulen Gezeiten,
die eindeutig jeden Willen negieren, brav
im Angesicht der schmerzfreien Wolken.
fast ließe sich fragen, woher
das Recht zu solcher Ruhe stammt. weiß
glühen die Wassertropfen auf der Apfelschale,
Milchkühe beschreiben vollkommen sorgenfrei
einander Wegalternativen zur elektrischen Geburt.
nur in den Augen der armen Bullen
machen sich wuchtig ein paar Tränen breit.

Gärten, Jahreszeiten

vieles kam und ging, wurde ersetzt, oder
ging auch schon freiwillig. besonders die Sonne
im späten Herbst, oder diejenige, die das Frühjahr
ankündigte. noch mehr ging: Freunde, Lehrer, Trainer,
mit ihnen Methoden und einiges mehr an Rüstzeug
für die nächste zukunftslose Liaison.
die jeweiligen Ersatzhandlungen machten es nicht
besser. Zustände für den Moment.
der Apfelbaum im Garten war helle: Zeit
schien ihm nur eine Randbedingung, was zählte,
war der Frühling ohne Sammler zwischen den Füßen.
wenigstens die Amseln wussten, was sie suchen.
wenn die Nüsse ins Gras fielen, war vieles
oft zu spät. dann flogen Schwärme auf, erinnerten
an die fatalen Möglichkeiten und an
den liebevollen, unverschämten Sommer in uns.

*II   Liebeserklärung
an die nächtlichen
Dörfer*

dunkle Jahrestage

aus den Ästen blitzten 7 Störche (oder: Uhus?), kam
ein Tag dem anderen zuvor, wenn nun ein Mond stand über
dieser wiesenreichen Landschaft: meine Launen sind darin verwoben,
dachte ich in dieser Kutsche namens Nacht, im späten
Frühling dachtest du, wäre die Zeit gegeben für die Wasser,
die sich spülten aus den kalkbewohnten Steingemälden.
Regen goss sich in die Schlucht der Süßholzüberlieferung,
Flüsse dankten mit verwegenen Metaphern – ich,
ich kauerte am Ufer in der blöden Hoffnung auf 1 Schloss
im Ohr der Räuber, diese meinten, es sei klug,
den Weg nicht allzu zügig abzuwandern, sondern trug
mich plötzlich eine Ahnung Richtung Dorf, warum,
weshalb bloß schmeckten dir Vokale hier so gut, das traf
mein Zwerchfell aus dem Innern, als der Donnerschlag
aus sicherer Entfernung drohte. und das kleine Land fixierte.

Heiligabend mit Martha

vor frist polierte Schaufensterfronten, sie waren das erste,
dem der müde Blick begegnete. der Brunnen auf dem Markt
verwaist, Eisrosen am Grünsandstein, an den Gittern
ein paar Zapfen. die Stille hier, sie tätowierte
Müdigkeit in ihre warmen Augen, die mehr sahen
als nur eine Jahreszeit. nicht weit von hier
der Antennenmast des Telefonkonzerns, er ließ
uns schnell zu kleinen Sendern werden, aufmerksam
wachten wir den Rest der Nacht und starrten
brav ins Schwarz hinein, bis Funken flogen.

Wechsel

oben malten mühsam dunkle Geigen
was die Spiegel hier verschwinden ließen
vom Tag bis an die tiefe graue Nacht-
gestalt, immer noch alles da
ein Wille, die Not, das ganze Jahr

schlafloses Zwitschern

1

solche Regennnächte waren doch verzichtbar, Ultrababy –
Risse in den Ziegeln, in den Zehen: nur verkappt
schwul. deiner Länge nach des Haars des Mondes
wartest du die Nächte über – Riss für Riss
bespielst du mit Sentimentalem. Knorpelbrüche
in den Ohren, die vergessen wollten,
dieses Prasseln auf dem Dach, das Stunden zählte
so wie du. am Ostbaum schlug sich eine Eich-
hörnchenfamilie in die Flucht. Gebärdenkinder.
morgens war nicht viel zu sehen, dem Vernehmen
nach hing uns ein Angstschweiß an, wie peinlich
dachtest du. nicht meine waren diese Sorgen.
nur die Lippenbrüche in den Mitternachtssynapsen
jahreszeitgerecht verpackt als stummes Wünscheltier.
das war mir doch ein regelfremder Graus ... im Kiefer
schlugen sich noch ein paar Schmerzen wie Lianen
durch das Wohlbefinden, Sudelkind, das hattest
du davon. mach mir keinen Ärger über Nacht.

2

warst du dir so sicher über das Forensische
über unser aller Kunstbiographie? wer hätte
Licht dazu gehabt in seinen Drispen, Knöcheln,
in dem kalten Merksatz Federvieh. mir kam
das Grundverbot nicht abenteuerlich genug
in diesen Stammelsinn an solchen Abenden:
du saßest wie Kleopatra im Bademantel, schlugst
schon mit Verdikten um dich, mit jedenfalls klar
abgezeichneten Konturen: eines girls auf dieser Sofabar.
es regte sich ansonsten nicht so viel, so früh, allein
die Dunkelheit sie gab dir Energie zum spinnen.
mir blühte schon der Strauß des lähmend auf uns zu-
rasenden Frühlings. und wenn der Staub auch jetzt
noch wie – ich weiß es nicht so kläglich ist's
mir in den Mund gesprungen als die Nacht verging
und mit ihr vielleicht auch der Wunsch nach Sinn.

auf meinem knöchernen Rücken spielst du deinen Text aus,
und schmal stehe ich da, vor meinem Fenster: blinkendes Licht
unter Millionen winzigen Sternen, und ringsherum du,
schöne Schwarze, die über alles hinwegrollt, verwandelst
was tags düster grollt, die wippenden Köpfe (betäubt und sediert)
in flackernde Lichter. was bei Sonne sanft in Nervenbahnen döst,
das schlägst du hervor aus dem Dunkel (geheimniskrämerisch)
und hast nichts zu verschenken. vorbei der zähe Idealistendünkel
um die Tatsache Schlaf, das Gewitter bricht los, der Himmel
hält still, kein finsteres Ringen der Wolken, nicht eine Drohung,
das Firmament gibt sich heroisch, ein stabiler Pakt ehemals
kriegerischer Elemente, wie sie einander beflügeln in verräterischer
Klarheit, alles ein einziger Deal, ohne gewachsenes Subjektorgan,
hier drinnen stützt sich der Verstand auf dieser glatten Oberfläche
auf, kurz vorm Hyperventilieren nimmt er die Kurve ins Bett
des Vergessens. und während die Spatzen die Stille verjagen,
schon bald das Ausatmen der Zeit vergessen machen, dämmern
die zahlreichen Köpfe am Boden hinweg, in ein anderes All.

Eingeständnis light

in Schlotterstunden, da benötige ich
Kometen, um noch etwas zu sagen.
sie leuchten so tendenziös.

vielleicht würden auch Schnecken genügen.
sie saugen auf ihrem Weg Idiome auf
und schleppen sie mit in die Nacht.

vor mir liegt eine weiße Landkarte,
die Wasserläufe denke ich kurvig hinein.
kein Bild eines Steins wiegt den Stein wieder auf.

mir schmecken in dieser Leere
die Gemüsesorten trotzdem immer besser.
sie gedeihen beständig im Kopf.

Unbekannte

wohin sollte ich mit diesem Treibgut,
fragte es in einer hellen und dem leisen Weinen überstellten

Nacht. wohin in aller Kiesel Namen – dahin
wo die Furcht zur Birke wird, im Saum

dieser trödelnden Bäche und blinkenden Seen,
der in ihrer Verrenkung geübten Festung Stadt.

sie war nur eine der versiegenden Quellen,
aus ihren Winkeln ließen sich ein paar Anekdoten herleiten,

doch wer ihr Ufer nicht fand, war verloren.
                in Septembernähe
trug sie als Bonmot eine Böe an Beständigkeit,

wurde ihr der Mob zu viel, riss es hörbar
                in den Zweigen aus Asche
und schmälerten sich übertrieben auffällig
                ihre Blauanteile

wie auf einem kitschigen Aktfoto namens
                new moon rising.

in der Nacht würdigte sie durchaus
                einige Fünkchen aus Zeit.

nicht jedes retardierte Subjekt hatte
                dafür großes Verständnis

und machte sie verantwortlich für das
                      soziale Elend in Uganda,
sprach ihr die ethymologische Spätschuld zu

für all das lästige Treibgut auf Erden.
sie sei Urgrund aller Epidemien, Quelle des

widerlichen Zirkus, Auslöser der Blitzkriege, Gönnerin
der Unbarmherzigen, Akquise des schlichtweg Bösen,
mit ihr einen Deal, *pas de tout.*

wohin mit dem Treibgut, hieß es, wohin mit der Bürste,
unnachgiebig rau strich sie über die Jahre.

aber wenn uns diese Nächte noch nicht reichten
suchten wir die Toten in den Weiden
lachten hinter uns noch prall die Gläser
auf den Heiden drüben vor den Dörfern
lag noch im August symbolisch Stroh

kleidete sich jemand wie der Sommer
summend eine Frage wie drei andere
bisher roh schien hier mir der Geschmack
was vielleicht am einseitigen Fluchen lag
und sahen nicht auf unsere eigenen Schuhe
lieber auf die blauen Grenzen in die Weiten

III *Da draußen*

Nachdruck Genese Frustration

bevor es beginnt, was sich Stimmlage nennt, bevor
einer sprechen kann, in seinem kindlichen Sud, zischt
ein Zünder tief in den Gewölben, scharf und detoniert

nicht weit der Hirnschale. lautlos, für niemanden sichtbar, keiner
ahnt was. kein Hinweis des Körpers, unhörbare Kulisse Wahnsinn.
zu weit aus dem Fenster gelehnt, aufsässiges Kind verrät

sich selbst. und das zu gern, sei still in der stürmischen Nacht
und harre aus in der Suche da drinnen, in dir, solange, bis wir
dir das Falsche gestatten. den Funkkontakt zur Libido, oder
wonach sich das verdrehte Herz sehnt. nur vorher sei still,

sprich nicht. Zweifel werden dir erlaubt sein, heb die Gabel
wieder auf, steck deinen Apparat namens Gedächtnis
unterm Dach in eine alte Kiste. dorthin, wo die
Geheimnisse hausen und stinken. sowie ein Sack Zukunft.

Jungfrau, digital

1

anfängliche Blöße, stummes Dasitzen, das Maschinchen
lockt stille Scham hervor, Blicke nach unten, Nicken
vor flimmernden Bytes, wer sind wir jetzt nur, und Klick
für Klick besetzten die Daten den Zellkern, röchelndes

Weltall dahinter wird vermutet, noch nicht ganz in Schwung,
noch mit Rhythmikproblemen gefangen, oder längst drinnen
lauten die handlichsten Thesen, staubiges Inventar küsst
beta-alpha-nano-gamma-delta-zeta-hypo-meta-pharma-con.

ihr Sonnenmonde, schenkt dem Treiben eine Idee,
so lässt sich wetten auf ein extraterrestrisches Wesen
und Treibgut schließt die Risse in der historischen Figur
namens Gedächtnis. Jahrtausend Muttermund Jahrhundert.

so stand das Phänomen vor der eigenen Haustür, beklemmt
von der Enge der Welt und der Kabel, und vor allem
jener Synapsen, ohne die hier nichts ging, unselbständiges
Ding. alleingelassen von den Erschaffern, vorausgeeilt

ins schwarze Loch Ungewissheit, früh abends unter der Linde
bastelt noch einer herum, der Sonnenschirm ein Heiligenschein
über einem arbeitenden Schädel, Steckplatz für Steckplatz
das Dasein erproben, an Materie, so unnahbar ehrlich.

2

empirischer Strudel. es ist ausweglos, erwählter Pfad, und Fakten
bedingen die weitere Linie. hinsetzen, der Sonne unscheinbar folgen,
aber nicht blinzeln. Weltklasse aus der Steckdose, das war nicht
erwartet. noch immer kein Durchbruch, griffiges Mädchen

bedarf eines Jahrzehnts der Menopause, lange war das Bewusstsein
zu Tode gepudert, während die Augen die Pixel vermaßen, kurzes
Aufheulen Jahrtausendwende, ein Scan allen Inventars und darum
beruhigende Übersprunghandlung. Wirkung irre, erster Schwung

ins Beherrschen. dem noch keine Sicherheit inne, Routine
der Wunschtraum aller Erklärer, die sich die Seele aus dem Leib
geduldeten, bis das freie Vibrieren aus Wahrscheinlichkeitsrechnung
Erbarmen kannte, sich auf einen Punkt zusammenzog,

der so manisch glänzte im Mondlicht, dass niemand abkaufte,
was er als Summe versprach, die er war, als glatte Zählbarkeit
gleich einer Schwangerschaft der gesamten Menschheit, die niemand
mehr rückgängig macht, weil niemand es tatsächlich will.

das Gegenteil, Mord am Denken, unerreicht. die klappernden Kisten
nur vorläufige Schande, Dokumentierung einer ganz speziellen
Finsternis, die Lichtjahre schmecken den Systemen ausgezeichnet,
und Zurückspulen, Nachlese, ab Zeitpunkt X nicht mehr nötig.

3

prinzipielle Verstörung nach ersten Leichen, schnittige Recherche
in allen Dateien, es leben die Cookies, wir schwindeln uns blind
vor Zwischenspeicherung, ich kenne dich nicht mehr, winselnde
Klage der Mütter, verschlossene Zimmer, neues glänzendes Jahrzehnt.

aus dessen Regalen die Suchtwiesen blühen, überwuchertes Meer
der Fanale, ohne Beachtung, aber mächtiger als alles, was dort
aktiv verhandelt, zu lange von niemandem gesehen für die Chance
auf Versöhnung. das Tier lebt, die jungen Jäger wilder als der kühle

Instinkt, der nicht aufhört, zu sondieren, noch das geringfügigste
Wesen, jedes Korn Staub, jeden Frosch, es misst. jeden Popel,
und niemand ahnt, was es damit verzapft, es kann rechnen, innen
wirst du schon vermessen, gewogen, bezahlt und verpackt.

voll gieriger Haie die See, du listest dich selbst, in aller Offensive
und Klage gegen die Welt. wie billig darf ein Aufschrei sein,
das Flüstern hast du nicht gelernt in diesem Medium, schlafe
also nicht ein, beweg diesen Körper hinein, Katastrophik schult

das Gemüt und die Drähte, zinsloses Dasein auf der gläsernen
Oberfläche der Erde, mach es dir nicht zu leicht, gerade wenn
es knapp zu werden scheint mit den Sekunden, den verbleibenden
Klicks, jeden einzelnen mach zu deinem letzten, du Fisch.

IV   kazimierz kitties

I

fensterbänke. grünzeug, ghetto. um die ecke
sirren hell die zahnarztbohrer
aus dem weißen praxisfenster, ein
haus weiter: putz, der bröckelt
in die blumentöpfe, daraus rote
blüten springen, in den morgen, bis
in mein gesicht hinein; nah der fluss
in lauerstellung, wartet dass es abend
wird und lichter an den brücken
wieder alles krabbeln lassen, zappeln
in den netzen, die unzählbar sind. und ewig.

II

kaum bewegung. unschuldiger nachmittag. wasser-
beine schleppen sich samt rock die straße hoch
entlang an grauen mauern voller ritzen,
in denen noch die alten klagen gammeln.
kaffeestübchen saugen kaffeetrinker an.
kaum bewegung. ein kätzchen auf dem sims,
leckt sich dem status staubfrei entgegen, lauert
bis es dunkelt über dem gewässer,
dessen fische ihm den magen verderben.
drähte schmücken die luft samt dazu-
gehörigem himmel. die nase sagt,
dass es irgendwo brennt. zwei kurven
weiter quietscht die tram hysterische songs.

III

balkönchen, großmutter. deren
ellenbogen, der auch aus der ferne schorf
erkennen lässt, ringsrum auch röte;
ein enkelkind schiebt seinen kopf
ins freie, bleich ist es, doch setzt sich
hin zur oma, auf das bänkchen.
lässt sich brav ein teilchen auftun, dazu
milch und ein schluck kawa, das ist
gut für dich, schau nur die vögel
dort, die in den wolken hausen.

IV

krakowska, gebimmel. rattern. quietschen.
krakowska auf und ab der rettungswagen.
tausend fenster, tausend gespenster, gelbe zeilen
zwischen denen braun sich das jahrhundert
tarnt, in backstein, stuck und gittern.
verkehr sortiert die farben, bäckerei
an synagoge, mütter schieben kinder
durch den staub, die kinder stumm
vor simplem glück und ihre augen schweben
richtung abend. der ohne erinnerung ist.
der die ritzen versiegelt. der das braun lindert.

V

dunst. hinterköpfe, pierogi. lüftungen
und klirren von geschirr, werbestimmen
und lachmaschinen, dazwischen auch das echte
lachen eines kindes. kochende menschen
wo sich einst der bauch gehalten wurde, tiefes ghetto,
wo sie sich so lümmelten, in zugeschissenen
gossen. suchend nach groschen und tabak.
flüchtende, vor offizieren und panzern.
diese luft erinnert an etwas, das nur
das fernsehen leisten konnte. konserviert
das jahrhundert als straßenzug. tödliche fotos.

VI

nowy mieszkanie, vorletzte zeile.
das treppenhaus, es atmet suppendampf.
aus den augen des verwalters starrt
der horror, zwei schwarze seen im winter.
ich schaue nicht tiefer hinein, nicke nur, um
nicht zu versinken in den geschichten,
auch wenn ich drin schwimmen möcht: im wilden
wein vor meinem küchenfenster hängt
rosig, aufgerissen, eine strumpfhose. flecken
im schritt, laufmaschen, durch die das laub sprießt,
kein entrinnen für die textilie, keine
rettung, die kräfte der witterung greifen, ich
spucke hinab in den hof, dort fressen katzen den müll.

V Naturerbe

Januargewächs

in der trockenen Winterluft, dort scheint
überm frühen Eis, das Nichts erst recht zu flackern.

am Walnussbaum das Eichhörnchen des späten
Januar, es trägt aus Not zusammen, kämpft,

wo es nichts zu kämpfen gab, die Äste brechen
unter seinen Hinterläufen weg, als sei es nie

auf diesem Aussichtsholz daheim gewesen, nur
die Sammelmulde lässt ihm keine andere Wahl,

das Seine auch als solches zu erkennen, doch
bleibt ihm dieser schale Rest von Menschenhand

auf der rauen Zunge, leichte Spuren wegwärts
eines Schuhs oder vom Russelterrier, der hier

in diesem Garten Eden sommers haust und kläfft,
bis die ganze Brut nicht mehr zu atmen wagt,

kein Nager dieser Welt die Nische halten kann,
schließlich sich vom nächsten Hundertringer stürzt.

Balkon Küche Radio

also etwa, wenn mich der Regen überraschte
        & die prinzipielle Möglichkeit unkontrollierter
        Schweißausbrüche
auf die Nase kritzelte, nachdem
        ein bis dahin geschickt triumphierendes
        Balkonbiotop mich verschluckt hatte,
        in hellster Nachmittagskonnotation,
wie ich mich zum Waschbecken schleppte,
        wo eine Tasse stand mit geronnener
        Milch, in die jemand
        seine Kippe gepflanzt hatte.
die Asche warf bereits einen rötlich-braunen
        Reaktionsring, nun war alles total
        anorganisch, mir kam
        nicht nur dank der Mittelwelle
ein Würgen, ich sprang auf das Regal, jeder Sender
        schien ähnlich postpubertär zu lallen
        und morste mir ein Fleckchen
        reinsten Laissez-faires in die Küche.
die nicht meine war, doch alles schien
        verreist in die Welt aus Katastrophen,
        was jedes Radioglück noch toppte.
        das Reich aus Küche Müll Asbest
        ließ mich friedlich trinken und gammeln.

nur ab und an läutete es noch aus irgendeinem
        Rucksack, in irgendeiner Ecke.
        doch dann, endlich, schien auch das egal.

H5N1

als dieses Gespenst in die Lungen einzog
und in die offiziellen Bilder,
saß ich im Stadtpark, las Gamezeitschriften,
wartete auf Wolken mit Farbe, etwa gelb
und sah: heute wird es nichts am See.
auf meiner Holzbank saß ich brav,
guter Junge damals ich, unter mir Gesträuch.
und saß und saß, und las und sah den Wind
die Blätter fegen. Rinnsale, Ameisenstraßen.
mir fehlte lediglich, wie immer, ein stärkerer
    mikrobischer Blick.

ich hasse die Kälte. ich bin gegen sie.
ich werde einen Antrag auf Sonne stellen
bei den zuständigen Wolken.
ich werde das Prinzip Whirlpool erforschen.
Whirlpool als Möglichkeit, Whirlpool als Chance.
als alternative Lösung. oder als Zukunftsmodell.
ich liebe Badewannen. und mit ihnen
dieses leicht überhebliche Plätschern,
das aber auch andernorts eine Rolle spielt,
etwa bei der Identifikation von Bachläufen,
die im Sonnenschein zwischen hohen
Buchen schimmern, während es warm ist,
die Luft, einfach warm
sich über die Mooshügel gießt, ohne Pathos.

Raumpoesie

ein kleiner Kutterhafen auf dem Mars
ist mein Gedicht, nicht mehr, aber
auch nicht weniger. vielleicht
ein Eintrag ins konterminierte
Logbuch australischer Seefahrer
des vierundzwanzigsten Jahrhunderts
oder in Zeiten, wo wir mit Taxis zum Mond –
ein kleines vertontes Hörspiel aus der Cyberbox,
von vielen Ratten nur eine, doch alle
ein Interesse hegen: tief unten an Pfeilern nagen,
der gläsernsten und stählernsten Bauten
im denkbaren Raum, von deren Dächern
man zum nächsten Planeten spucken kann.

manchmal aber, ob freiwillig, oder aus Nutzlosigkeit,
ist es eine zirpende Grille am Wegesrand,
zertrampelt von Schulkinderheeren, denen man kaum
andere Nahrung zutraut als Cola und Pizzazwerge.

too much Ambivalence

immer diese Dinge mit ihrer Doppelhelix.
aus allen Forzythien spricht eine Bindung
an verschiedenste (dominant: zwei) Nanostrukturen.
alles ist mir uneindeutig, so etwa
das Franzbeckenbauereske in den Diskursen auf-
strebender Juniorprofessoren, die soziologische
Gewichtung des Wörtchens *wir*, seltsam auch
das Konstrukt des Universalienstreits, über
den anagrammatischen Landkarten der Stimmbänder.
sollte es etwa heißen: wir wollen, aber
können, liebe Ungeborene, vorläufig nicht?
man machte sich punktuell Vorwürfe.
und sicher, über den Gesamtzusammenhang sind
wir schon dreiundvierzigmal aufgeklärt worden.
sind so beredt, sind so zurückhaltend.
nur wollen wir keinen Dankesgruß erfinden
für biologisch ganz wertfreie Geschenke.

was gebraucht wird

täglich ein Löffel Sonne, vielleicht.
mit Sicherheit ein weiter Ausblick,
ob nun ständig oder einmal im Leben.
wahrscheinlich auch die Tropfgeräusche
um Mitternacht, ein paar Dosen Frost
für den Übermut –

ein Mädchen, eine Gabel, ein Schiff,
für die emotionalen Überseefahrten
und am Mast hängt groß und entschieden:
nicht von dieser Sorte Stürme lassen wir
    uns kriegen.

Bali, landeinwärts

in diesem Bus war kein Schweigen.
außer dem unsern, der Gäste. wir trugen
die gewaltige Hoffnung auf Ungesehenes
stoisch in praktischen Rucksäcken.

wir blickten hinaus, auf das Feldgrün
und in das Gartenmeer, das Früchte spuckte:
hochkarätigstes Exportstück dieser Bauern,
köstliches Motiv für eine Rast.

kaum ein Blutdruck wehrte sich, der
runde, helle Ball am Himmel blendete
und verstrich die Narben der Landschaft
mit energetischer Paste.

wir kämpften beharrlich mit Sonnenbrillen
gegen den Lichtorkan an. und sahen dann auch.
die überfluteten Terrassen. Wasser und Sonne
in schimmerndem Streit.

Up to it

das Stöhnen von Eisenträgern schlich durch die Abteilwonne.
gemessen an den Hinweisen auf Dämmerung war unser Zustand
geradezu tagtäglich. der Abend servierte unter der Tarnkappe *good vibrations*
eine süffig wirkende Mac Seenplatte, grün unterlegt und golden beschienen.
als der Faktor Sonne sich zurückschob hinter die Wolkenschablone
hieß es den Magen auf Vorfreude umstellen. die Seen rauschten
ohne Sinn für Verantwortung an unserer Namensgebung vorbei.
doch wir atmeten konsequent in der einmal gewonnenen Omnipotenz.
auch war dies ein passiver Selbstschutz gegenüber all der vereinnahmenden
Regionalität. als Motiv des stillen Gleitens erwies sich schließlich der Topos
platonischer Liebe. den wir in ein Glas schenkten und kräftig rührten.
das Panorama, das sich uns bot, verwies auf Jahrestäglichkeit, keine
Routinehürden. die Bestandteile aus Licht und Getränk vernebelten die Sicht.

für C.S.

einfach los. in die brennenden Berge, hier unten im Dorf
melden die Hunde Alarm, die Gassen heulen auf
als bloß natürlichste Form der Sirene, und nicht alle
lautstarken Hunde sind männlich. apropos seien:
unser Dorf ist ein Liegestuhl, oder auch eine Sendestation
des heimlichen Lebens, doch insgeheimer, ureigentlich
ist es ein Nachrichtendienst, mit seinem ins Bombastische
gewucherten Wissen, und das Wissen ist ein Herz,
doch sein Impuls ist das Hirn, dieser listige Lappen,
der mir auf der Wanderschaft hilft, während
der Berg noch immer brennt und hier unten im Dorf
keiner weiß, wie man Berge löscht, wie man einen Himmel
bastelt, und mit ihm den klassischen Regen. die Klebe
wird nicht halten für die Wolken, sie hängen ganz schlaff
am Rande der Orbitmohle, und planen schon ihr Verschwinden.

junges Wachen

hinter den Schlitzen der Rolladen
noch niemand zu sehen, kein Licht, hinter den keimfreien
Gardinen kein einziges Zucken, wie still scheint
der Zeiger zu stehen, auf fünf, wie still
der Mond, trotz unruhiger Strahlung.
beinahe scheint er sie aus lauter Angst
zu einer Art Motto erklärt zu haben.
ein Taxi, gelber als sonst, ein Jet
auf den Pfützen der Hauptstraße.
jeder Morgen hat mindestens drei Leben.

und du, der im Nebel dasteht
vor geputzten Ruinen, vor aufgedunsenen Tagen,
die sich für dich unerklärliche Namen gaben,
und es schüttet, von oben, auf
deinen, in deinen Kopf
Wassertropfen, Zeugen des Haderns, des Zauderns –
du versteckst dich, in der hintersten Kammer
aller möglichen Argumente, im Seelenkeller
des zuletzt konsultierten Hirninstituts und feierst
hinter Rigips, durch Schlitze lukend,
einen Neuanfang aus Ich und Ich.

VI *alles schläft, einsam wacht*

II

früh ganz früh mach ich die ersten torkelschritte
bis ans fenster (gartenblick) und alles dunkel unser
haus ist zugewachsen über nacht im stillen ich
wusste nicht mehr dass das so schnell gehen kann
genauso kommentarlos wie die schwester am papier
reißt einen abend vorher nur ohne geräusch ganz ohne
willen durch jede berührung schon zerstört doch schwester
zerrt bis ihre augen endlich beute machen eine farbe
die ihr schon verrät nur mir nicht nein ich sehe nur
schnee und wenn es ihn nicht gibt dann denke ich an ihn
und schau der schwester zu beim reißen beim entpacken
der bedeutung die der schnee nicht haben möchte er
ist plötzlich da am morgen vorher war er's nicht

II

wie ist das zu denken winter schnee geschenke diese
sachen wörter klöpse nichts dahinter aber oder wie
darf ich sie sehen ich wer bin ich denn und wer
bin ich im winter unter tannen oder am gabentisch
am tisch der kalorien während mutters teppich brennt
es ist bekannt sie rennt auch gern mit spiritus
durchs halbe haus entzündet alles fällt und lodert
actio gleich reactio wir springen singen würfeln
filmen backen lachen und beim nachbarn klingelt
schon die polizei es hat gekracht nun warte ich
bis alles wieder ist wie ich es lieb und ich
lieb es wenn es lieb ist und vor allem still

III

abend ist gelaufen alles ausgepackt und liegt
wild verstreut unter mich grell anstrahlendem baum
ich hasse fast die helle brunst der städte sagte
hoddis der uns keine weihnachtslieder schrieb
sondern der erstarrte wenn es in den tannen glühte
denn ihm war nicht sehr nach glut sie war
gelogen denn die bettler froren und sein herz
fror auch in dieser zeit wenn alles sich versammelte
in kathedralen reich an zucker liedern und es gab
auch speck und bunte bunte sachen nur kein
herz fand er denn alles war verpackt in teuren
schachteln arme herzen und ich denk an ihn
während ich sitze vor dem tannenbaum und nage
an den resten schenkeln schluck vom wein und um
mich rum liegt alles wild und nackt und unbenutzt

VII   einmal werden wir

was der sonntag mit uns kann

was der sonntag alles, was der sonntag nicht alles, was
der sonntag nicht, was er nicht alles mit uns kann –
uns beruhigen denn wir sind ein böser schwarm bienen
vor den toren der mit ihren bilanzen unzufriedenen postämter,
unter den flutwellen der zinsen, der lava aus zinseszinsen
die uns aus der telenovela fauchend anspringen,
aus angst vor übernatürlichen misanthropischen angriffen
durch bambis und andere zeitgenössische diskursobjekte
ignorieren wir lammfromm das jetzt und segnen uns schnell
mit einer portion spaghetti, mit einem guten latte macchiato,
ist das spaßig, haben wir freizeit, schenken geschenke
aus hass und aus worten, aus plastiktüten,
sprechen unser ganz privates idiom, wir sind keine
sind keine penner nein keine gangster, nur ein bisschen
ein bisschen verrückt um die ohren und sausen und schwimmen
aus angst und aus mut in den morgen hinein, in die glut.

wie mir auf dem düstren *hinterhof* des ichgehäuses
dieser apfel damals herzhaft hat geschmeckt, es waren fünf
stücke namens sprache schnell in meinen zellen.
oben aus dem dichten blattwerk dort am turm
blinzelten gesichter freundlich voll bedeutung, grünes sommerlaub
und noch *mehr* der obstentsprechungen, mir schien
es schattig, immer noch nach jahren. dieser hof
der wolkenenzyklopädie, er lockte uns mit eckheimaten
im mauereck. wir blieben, denn ein ICH war hier,
im bösen wie im frieden, nie für sich allein,
wir blieben hier als sommerdenker liegen.

einmal werden wir

einmal werden wir geboren sein, einmal
werden wir verschwunden sein.
noch aber erfahnden wir im süden die chiquesten
träume. wir bauen zusätzlich mauern
um die inneren zäune. wir prügeln die tage
mit schwerkraft und trotz, wir saugen am halm
der uns bleibt – ist es das? im morgengrauen,
bevor sich das fallbeil der sonne über die häupter
schiebt, verstecken wir die nächtlichen reste
aus unterkühlung und tragik, wir marionetten
des monds, in unserem winterlichen hunger
auf sensiblere zeiten, im hinterkopf
das kindliche wetterleuchten,
die gebuchten scharmützel, den senf
dieser jahre, das fein dosierte untergangstheater,
und schließlich die täglichen sprünge
auf steilere wege zur genesung, die spatzen
in begleitung als kommando ins licht –
einmal werden wir verschwunden sein.

VIII *nicht lieben ist auch keine Lösung*

Wir

aus den Jahren sickerte langsam, aber zuverlässig
eine Angst. nicht die vorm versagen, nein, der Staub
auf den Nähten verhinderte das.

alle alten Vorsätze standen unter Erwähnungsverbot.
damit es nicht peinlich wurde. Urgroßmutters Spiegel
im Flur gab trotzdem heimlich Auskunft
über den Nervenzustand, verschweigen war eine Kunst.

man sah sich immer nur kurz
ins bleiche Gesicht, zu offensichtlich
waren in diesen bösen, hellen Sekunden
Rückstände unseres kindischen Willens.

Traum

es war im Dezember, ich schlurfte
die Tage ab vor den Zäunen
und Mauern meiner Wünsche. ängstlich
waren sie, trippelten Schritt für Schritt
durch den Schnee auf mich zu.
da sah ich von weitem, lächelnd
Dich. Du trugst deinen Korb
aus Herz und Verstand. die nächste
U-Bahn war nicht weit, wir stiegen
in den Untergrund und tauchten wieder auf
irgendwo in New York, es war
bereits Abend. die Lichter tanzten
über den Hudson, am anderen Ufer
sahen wir Europa. wir lachten
und nahmen eine Fähre zurück,
schon wurde es Morgen.
noch wusste ich nichts
von meinem Glück.

Empfehlungen für Verlassene

sich nicht wehren gegen das Drücken der Luft
auf die Lungen. vielmehr die weiße Grammatik
der Wolken am Himmel studieren. dem Jetzt
ausnahmsweise die ganze Aufmerksamkeit schenken.
die Spatzen auf dem Brunnenrand loben.
dem alten Ehepaar auf der Parkbank
keine zu hohe Bedeutung beimessen.
aufstehen, gehen. die Atmung als Indikator
für noch bestehende Chancen. und nichts
in den Vordergrund zoomen, lieber das Licht
der Sonne auf den Lidern ruhen lassen.
notwendige und hinreichende Bedingung vertauschen.
als sei es tatsächlich vorbei.

Trostsommer

an diesem Sommer hingen
halbe Märchen, erzählt von Grashalmen
und rostigen Gartentoren.

Berge aus Antworten waren auf schwerem Papier
in die keimfreie Heimat gesandt
als ein mittelmäßig zynischer Gruß
               aus den Städten,
die Schnüre und Brennstäbe zierten,
die den Ruß atmeten. in ihren Sprachen
erwies sich jede alberne Begegnung
als hilfreiche Kosmetik: vom wir
zum ich. so rief es aus dem Wald.
und auch aus mir.

Lied des Traurigen

ich bin der traurigste Liebende.
jedes freundliche Wort
macht mich noch trauriger.
schau nach vorn, sagen die Menschen, aber
ich lebe im gestern. keine Diskussion.
nachts, wenn ich schlaflos bin,
streife ich um die Häuser.
zähle die Lichter, spreche mit Tieren.
einmal entdeckte ich ...
was hier keine Rolle spielt.

März zuwenig, März zuviel

das war dein stiller März, im Gras
saßen die ersten Boten, flugbereit, jede
Kopfgeburt zum Himmel schleppend, ganz dicht
an den Wunschwolken vorbei, einen Frühling
lang hielt die Depression.

kurz blitzte es, im Kopf, am Himmel,
auf dem Papier. Fliegen summten, stoische Nachbarn,
vor der Einfahrt zur Epiphanie.
hilfreich waren die Wünsche nicht.

was lag dort nicht alles um uns herum, Zwangsblumen
in diesen zugegeben apokalyptischen Wohnzimmern.
eine Frage der Täuschung, räumte man ein.
der Apfelbaum aber, im Garten, sorgfältig
schrieb er alles mit.

und wie wir ihn forderten,
mit unschlagbarer Ungeduld,
mit einem Messer in der Blutbahn,

das war ein März zuwenig,
        einer zuviel,
für dieses unsagbar schlichte Verlangen.

Venezianische Rechnung

wer hier säße, zur hilfreichsten Zeit,
im günstigsten Konstrukt von Personen,
der müsste nur gut und bescheiden
als stiller Detektor im Korbstuhl hängen,
ganz ruhig, hellwach, Wellen abfangen,
um sie zu Äpfeln und Küssen
gedeihen und reifen zu lassen, begabt
wie kein Zweiter die Daten des Sonntags,
den Willen der Bäume rund um den Platz
in Vorteilhaftes umzumünzen. farblos
und vielleicht nicht gesund säße er da,
aber immer, in jeder entspannten Sekunde,
mit gewaltigen Chancen, säße er da.

nicht lieben ist auch keine Lösung

nicht lieben ist auch keine Lösung.
wo wir unsere Köpfe waschen,
im billigsten Traum, im Nachtlabor,
an den Tresen voll Melancholie,
in den Spurrillen eines Vergessens,
auf den Marmortreppen der Herzen,
in der Schaltstation unseres Vorderlappens,
manchmal sind wir merkwürdig sicher:
nicht singen ist auch keine Leistung.

IX   bleib noch

bleib noch

früher Park, als gegenüber das Eisen ins Eisen
fiel und ein Bahnsteig dort im Mondlicht gähnte;
schleppte sich die Tram auf dünnen Rippen
knapp hinüber, vor den unbeliebten Ampeln,
schau mich nicht so an, schau nicht ins Rot
und warte auf und ab den Mittag in Türkis: Sprung ins
Blau des ernstgemeinten Himmels, Privatinszenierung
oder Götterbeweisführung? stündlich hallt es noch
in gegenüberliegenden Höfen, auch die Maschinen
am Damm sprechen davon. es kündigt sich an,
braucht kein Wetterleuchten in Zivil, nichts formt
das Denken wie der Wind im Hirn und Herz
und zeitlos wirst du ohnehin nicht: nasse Lappen
hängen über'm Rostbalkon, der Haken spinnt und
niemand friert so spät und musst du jetzt schon –
bleib noch eine Nacht bei mir im Niemandsland.

Nackte Stadt

über den Dächern und am Rand
der S-Bahn-Gleise kauerten die Heiteren,
und pflückten Unkraut (oder Leben?) aus
den Zwischenachsen, Blatt für Halm und Gras
für Kraut, als diese Rüben etwas weiter an-
fingen zu glühen, Montagmorgen, Zischen
hinterm Hang. dort wo die Ratten in der Früh
sich Zelte bauten, Lager schufen, so wie
der Plexigott sie sehen wollte, ohne Ruhe, ohne
Liebe, Rast, wir horchten nach dem Summen
unter dieser Strecke, nah am Wald und Stadt-
rand, hinter diesen Gleisen streckten sich
sehr bald die letzten Überlebenden und wenig
später ging noch mal das Licht, nur für
Sekunden ging es an und die Gestalt, sie sah
nicht gerade aus, als wenn, aber hellwach
ihr Schatten, der sich gütlich tat am Fleisch
der Ratten, doch ohne Aussicht auf Besänftigung.

Schwarze Hitze

heißeste Physik in diesen hellen
Nächten voller Sex, in und um Berlin und über
allem stand in Sonnenform der Schäfchen
abzählende Mond, ohne Gespür für jeden
Rhythmus. spulte sein Programm durch den Raum,
meisterte Aufgabe für Aufgabe, Milliarden
Mücken vor der Nase, auf das günstig
hergestellte Licht fixiert. fauler Mond,
dass dir nichts peinlich war als wir schon
flehten, flennten, dachten an das Damals und
das Jetzt, in dem gemordet wurde, so als ginge
es vor allem um Rekorde, siebzehnfach exponentiell
etcetera ihr kanntet die Statistiken, die niemand
sah, keiner sah hin, mit gutem Grund und angesichts
der Hitze über'm Steig auch dieser Sommer völlig
ohne Sinn, so schien es für Sekunden (die
niemals zu unterschätzen sind bei soundso
viel Celsius), aber der Bus, er fuhr
mit einem Stottern in den lauen Rest
der nun schon grün umkränzten Nacht.

trauliche Orte

sitzen in den Höfen, kämmten
sich die Schwestern mit den Bürsten
rasch zu Müttern auf und um Bestimmung
hier ins Spiel zu bringen, klemmten
sie bald jedes Wort im Türspalt ein.

uns stießen diese Deutlichkeiten
selten vor den Kopf, auch wenn
der Hals, das Herz, die Knie
schon nicht mehr wussten, Memmen
vor den tausend Ohren der vergangenen
Bewohner, als sie starben war
der Himmel noch nicht so bestäubt, so
dachten wir und lagen gar nicht falsch
in unserer Hinterlist, die störrisch schien
im halben Nachhinein (denn voraus lag
immer noch ein hartes Los). vorm Schlafen-

gehen blitzten diese Zukunftsmelodien
auf wie stürmische Gewässer, auf denen wir
drohen würden bald nicht mehr zu sein, wer
wir hier waren (oder dies nur meinten). Fratzen,
nächtliche, unerschütterlich grausame, aber
das Schlimmste: zukünftige lasen wir heraus
aus diesen Sprungminuten Richtung *r.e.m.*

dann der Sinkflug in die tief beruhigenden Kammern, heller
wurde es dann Jahre später und am Grund
der Kammer lag ein Meer, aus dem
wir träumten, fleißig, ohne wieder leicht
zu werden, sondern damals ängstlich, schwer.

Ackerängste

und stiegen hastig aus
den Daten, Sommerdaten, als flussabwärts,
dort wo Chemo-Enten schwammen,
eine Stimme um ihr Bleiben kämpfte, rannte schon
der Kurzschluss barfuß diesen Acker rauf, den
sommerlichen Acker, Wespen im
Genick. und zog sich schnatternd eine Enten-
mutter aus dem Kampfgebiet zurück. wir
sahen staunend zu, wie dieser eine dort
den andern sicher griff, mit Wut im Arm
und rüberpfiff: alle, Druck, es geht deutlich
zu lahm, das Überleben hier im hellen Licht,
das wusste ich jetzt sehr genau, war keine
Ehre, keine Götterpflicht, nun hieß es also
pumpen, wer? wer kann es, ihn beatmen, alle
hatten Lust zu rennen, jedem aber warn
die Knie für diese großen Jobs zu weich.

X drei benennbare phasen der mnemosyne

kleines tryptichon. Kubrick is back.
querschnitte. achsen. stationen.

born to grow

nur, wer die Informationen gefressen hatte,
dem stand hier das Staunen nicht quer
über die Visage gespannt; ein dunkles Zucken
der frühen Jahre ist bekanntlich selten verboten
und der Schaum, der darüber glitt, als Folge
chemischer Reaktionen, gleich ob im Fotolabor
oder unter der Hirnrinde, stille Enzyme, Helfer
im Nanosystem, Grenzbrecher; die Vorstellung,
dass dieses Gewächs, so unendlich winzig,
dermaßen überschwappen würde, so völlig
vom Rande her kommend, der freundliche Katalog
einer Zukunft, die von sich wissen will, wissen
was aus ihr wird, aus dem stummen Gerüst, Bilder
von sich verlangte. energisch, das Biest, dessen
Sterne verhext sein mussten, Krullsche Leuchtkörper,
reine Variablen der Deutungsgemeinde, ein Keimen
im Lichtraum, ein Sog voller Würde, so wünschte
es sich die frühe Stunde im günstigsten Fall.

born to die (luxusimaginativ)

zeitig schon dieses halbwache Ringen mit der Einbildungskraft
darum, auf vergleichbare Weise verloren zu sein. noch im Schwingen
zwischen Starchild und Greis ein Zucken, dieser Weltraumfötus handelte
mit seinen weitwinkligen Organen interstellare Verträge aus,
das Sterbebett des Alten nur so zugesudelt von der Zuversicht,
und ganz grundsätzlich, redundant beinahe, Wertschätzungen
des Prinzips Perspektive. das führte auch zurück zu *dawn of the man*.
schwarze Monolithen zu entziffern ließ sich schließlich
erst nach einem gewissen Pigmentabbau bewerkstelligen.
den brennenden Stern zu verstehen, der landet. den Tiger jagen.
auf Bedingungsverwandtschaft zu vollkommen fremden Himmelskörpern
verwies tycho magnetic anomaly-1.
alle elektromagnetischen Freuden bleiben, rein theoretisch, bestehen,
wenn niemand an der Wahrscheinlichkeit schraubt
und im Sternenkabinett einen der leuchtenden Knöpfe drückt.

born to go

unschön, mochten manche behaupten, fies; am letzten Schnitt
hing er wohl lang; das Abschiednehmen, das gar keines war,
den Sturz ins ewig Weibliche bewältigen, ein letzter Kuss
der Möglichkeiten, wie sie nun aus gewisser Ferne strahlten
und Abend für Abend neues Leuchtfeuer entzündeten, da oben
wo das Maschinchen weiterqualmte, Schnitt für Ton und Bild
nach Bild im Rückwärtslauf. sicher, nur Vermutung, was
sich da zusammenbraute, jetzt noch, schon so spät? und mit
Ergebnissen zu leben, war noch niemals leicht, sobald
schon alles steht, macht's keinen Spaß, so klagten Kritiker
im Angesicht der Männerphantasien, oh ein alter Herr
scheint er geworden, übler Fall; dass sich aber drinnen
alles weiterschrieb, die Archive quollen, Zweifel mahlten,
alles schon in tausend Formen vorlag, ausflog, kulminierte,
bald zurück in glattes Nichts verfloss – ahnten die wenigsten.

XI   *minimale fürsorge*

not really in focus

von ganzem Herzen sind wir Käsepublizisten
mit einem Stück Seife im Mund,
einem Stück Seife im Mund,
das niemand sieht. wir kauen
und kauen überaus professionell
auf all den kontinentalen Durchsagen,
die uns vor die Cabrios laufen.
gezahlt wird meistens in Landschaften
von Bali bis nach Toronto – privat
schätzen wir kindliche Metamorphosen,
noch ganz im Dunkeln tappend
über die Atmungsprämissen des andern.

als Söhne

als Söhne sind wir John F. Kennedys
in den Gedanken und Geheimplänen unserer Mütter
mit ihren hirnverbrannten Positivismen,
die ihnen irgendwelche Verrückten eingetrichtert haben, oder
Pädagogen. unter trotz allem bitteren Umständen, sie glaubten
an uns. immerhin mehr als an das Tiefkühlmittagessen
das es im Westen so gab, das sie uns aber
dennoch vorsetzten, routiniert, und das es nicht gäbe
ohne jene dermaßen fetten Bewusstseinskonzerne.

schließlich wurde versucht, ihre Autorität als inneren Feind
zu begreifen. wir tönten mit miesepetrigen Vokabeln,
so als hätte einer ganzen Epoche die Milch gefehlt,
und um uns tatsächlich als Generation zu begreifen, dafür
fehlte es einfach, vorne wie hinten, an Mumm
unter der Hartschale, auf die kaum Sonne schien.
dankbar waren wir allerdings für diese erstaunlich sanften
Nachmittage aus Plastik, aus denen wir immer gieriger tranken.

minimale Fürsorge

ich kritzelte dir mit übertriebener Empathie
Monde, Hasen und albanische Liedchen
auf dein öffentliches Klopapier.
ich dachte mir, das stünde gerade jetzt
unserer privaten Poetik nicht schlecht.
wir saßen immer noch angeschnallt
in diesen hybrislastigen Vorstellungsjets.
das ging nur in Gedanken lange gut.
wer zweifelte, wählte gerne grobschlächtig
die Variante roter Knopf, und wenn,
dann brachte auch das nicht viel.

surface late

verkaufen sie nicht ihre Klarinetten, lieber
schenken sie mir zwei Sekunden Ohrenzeit:
wir suchten die günstigste Lage. in Trümmern lag
die Vorstellung der Hochhausparodie, sollte das
den intendierten Zweck bezeichnen? wir malten
dreist die Ornithographie und die Lungenflügel
zwitscherten. danach Pausenbrote. nur eines
jener individuellen Wesen trank noch regelmäßig Milch
in Laktosedemut, war danach auf einem Auge blind, was
denen egal war. danach kreischen. kreischen und kreischen.

laute Gerichte

aus der Küche, dünner Boden, oben –
unten: heller Schlag des Fensterrahmens
im Halbdunkel der wild polierten Fläche, die
voraus weist auf den heiligen Geschmack
von Hühnchen Korma – sitzen drüben
noch mal zwei und testen die Ernüchterung,
erneuern fleißig brutzelnd heiße Kindheitsschocks.
solche, wo Gerichte laute Töne von sich gaben
so wie jetzt: mit einem sanften Ruck
sprangen aus Gewürzehöllen zahlreich Teller:
flogen die Gemüsehühnchen hell und schneller
und diese eine Mahlzeit, laut,
das war sie, laut, und bis aufs stille Örtchen
hörte ich noch deutlich ihren Duft.

für D.B.

erstes Einkehren im Kehrwieder

am Nachmittag die Glocken (Glöckchen), du
schon mit dem Ohr im siebzehnten
Jahrhundert, hier: am Kehr, *kehr wieder,*
wehrhaft war dies Städtchen immer schon.
nur die Innenfläche ungeschützt, Verbote
in Vermittlungsprosa, bitte Eigenständigkeit, ihr Kinder,
spricht das Türmchen in die blauen Stunden
in Begleitung einer Amsel auf dem Sims.
da steht doch wer, des Nachts, und die Laterne
zeigt's: versteck dich nicht, du Mensch
hier in der ersten neuen Nacht.
sei mir ein Gruß, nicht Grusel.

in Zeiten der Auslese ist die Mordlust gering

forderndes Miteinander, greifende Ärmchen, hier findest
du die Architektur aus Mutter und Sohn, die Rechnung
des Lebens, kgn = Überleben, als multiplizierende Tätigkeit
unter Reagenzgläsern, in Einmachgläsern, auf Brillengläsern,
nicht zu vergessen Monitorgläser (Sicht), Glasfaser (Flucht) –

wir suchen uns unsere Gegner nicht aus, das Karussell
zieht dich hinein, nebenbei atmen, flaches Land
ohne Versteck, in dem du deinen Genpool hinterfragst, wer
hätte schon die Mittelchen parat, sanft entschlafen
ist feige im Kanon unsichtbarer Bestien, wecke
dich selber, es ist nicht zu früh, am Morgen sitzt
du wieder da, am eckigen Tisch, und siehst sie nicht –

überleben ist vornehm, und weit und breit kein Interesse
der Tierchen, den Stecker selber zu ziehen, und vom
Lieferanten des Lebens fordert niemand den Tod, eine wahre
Geste der Enthaltsamkeit, die Nährung endet hier nicht,
trau ihren Nöten, die größer werden wenn du nicht mehr bist –

am Ende der Route

er verließ die Schonung, in seinen Fingern
zitterten Hinweise auf das Gesuchte, die Stirn
meldete Verzweiflung, alles wuchs zu einer
Visage, die reinste Form von Spannung,
jeder Quadratmeter potentiell heilig, und nicht
nur potentiell: giftig. Äste stachen ihn, schlugen
ins Gesicht, noch immer wehrte sich das Ungetüm
namens Wald, und verdaute die Geheimnisse
tief unten im Holz, wissendes Knacken
im Sediment, wo Völker lautlos rumorten, sieben
Schritte bis zur Funktionalität, die Spur nicht
verlieren, das Treiben unter den Sohlen, eine viel-
beinige Apokalypse, und schließlich hörte
das zuständige Organ doch noch etwas, Gleichstrom
vielleicht oder auch bloß: das Rascheln der Zeit.

historisch wertvoll

immer diese nachträglichen Eisdielen
auf den vergammelten Sonntagsrundgängen.
manche proben sich in der
        schon historischen Disziplin
des Schlenderns, auf und ab.

oder sie schleudern ihre letzten alten Münzen
in die freundlich und wartend geöffneten Rachen
        oder in Brunnen am Wegesrand.
von den unnötig gigantischen Flaneursbegriffen
wurde sich kürzlich energisch verabschiedet
auf Symposien in Berkeley und Helsinki
und die Freude am Buffet war groß darüber,
beim auf dem Papier hohlsten Offiziellen.
und er schlenderte die Barbecue Bar hinauf.

endlich Landesliga

als Rolle interpretierte ich den Außenverteidiger eher zérobertinisch.
wenn ich das lange Holz unterlief, standen immerhin noch zwei
der international unbekannten deutschen Eichen in meinem Rücken.
wir wollten die Null, doch die halblinke Innenbahn bereitete uns Sorgen
mit ihrer Anfälligkeit. wir schwebten von Flanke zu Flanke, Sprungkraft
schien den Kindern in dieser Region praktisch ein Milchanteil zu sein.
wer dies dann noch trainierte, besaß immer die Lufthoheit.
im Laufe der Saison verlor sich jede Aussicht auf eine Zukunft in höheren
Ligen. doch hierher war der Weg schon hoffenheimaromatisiert.
solche Nuancen sprach natürlich niemand offen aus. sein Feingespür
für absolute Eigenständigkeit der Teamentwicklung half der Dynamik.
und auch die Bogenlampen, die da noch kamen, sollten ruhig Geschosse
sein, ein paar Köpfe warfen sich hinein und waren schon im Traum.

Young Plastik

in den Hinterzimmern stapelten sich die Vergehen
aus der Pubertätsklassik, die Schauderjahre
des noch nicht ganz anwesend seins, und
in den Empfangshallen namens Luft und Liebe,
auf ihren Glasdächern, lag dick der Schnee.
der die Wahrscheinlichkeit drastischer Einstürze
näherte. weiter drinnen klirrte es ohnehin.
niemand wusste die aufkommenden Lautstärken
zu loopen. und niemand, warum die Wünsche immerzu
beherrscht waren von den Molltonarten. das aber
öffnete neue Kategoriebonbons: nichts, das so sehr schmeckte
wie dieses Pralinenleben im Falschen.

Inhalt

I Helle Gelände

Küche · 9
Moabiter Balkon · 10
frische Wäsche · 11
Fahndungserfolg · 12
listening Vollmond · 13
als Herr Bauer schon gestorben war · 14
an einem sonnigen Tag · 15
keine Dauer hier · 16
Legende · 17
verführte Engel · 18
Licht im Timing · 19
Gärten, Jahreszeiten · 20

II Liebeserklärung an die nächtlichen Dörfer

dunkle Jahrestage · 23
Heiligabend mit Martha · 24
Wechsel · 25
schlafloses Zwitschern · 26
auf meinem knöchernen Rücken · 28
Eingeständnis light · 29
Unbekannte · 30
aber wenn uns diese Nächte · 32

III Da draußen

Nachdruck Genese Frustration · 35
Jungfrau, digital · 36

IV kazimierz kitties · 39

V Naturerbe

Januargewächs · 49
Balkon Küche Radio · 50
H5N1 · 51
ich hasse die Kälte · 52
Raumpoesie · 53
too much Ambivalence · 54
was gebraucht wird · 55
Bali, landeinwärts · 56
Up to it · 57
einfach los. In die brennenden Berge · 58
junges Wachen · 59

VI alles schläft, einsam wacht · 61

VII einmal werden wir

was der sonntag mit uns kann · 69
hinterhof · 70
einmal werden wir · 71

VIII nicht lieben ist auch keine Lösung

Wir · 75
Traum · 76
Empfehlungen für Verlassene · 77
Trostsommer · 78
Lied des Traurigen · 79
März zuwenig, März zuviel · 80
Venezianische Rechnung · 81
nicht lieben ist auch keine Lösung · 82

IX bleib noch

bleib noch · 85
Nackte Stadt · 86
Schwarze Hitze · 87
trauliche Orte · 88
Ackerängste · 89

X drei benennbare phasen der mnemosyne
kleines tryptichon. Kubrick is back. querschnitte. achsen. stationen.

born to grow · 93
born to die (luxusimaginativ) · 94
born to go · 95

XI minimale fürsorge

not really in focus · 99
als Söhne · 100
minimale Fürsorge · 101
surface later · 102
laute Gerichte · 103
erstes Einkehren im Kehrwieder · 104
in Zeiten der Auslese ist die Mordlust gering · 105
am Ende der Route · 106
historisch wertvoll · 107
endlich Landesliga · 108
Young Plastik · 109